AF581350

EFFROYABLE ACCIDENT ARRIVÉ DANS LA VILLE DE CASTRES

par l'embrasement de leur magasin procedant de la foudre du Ciel.

Ou leurs Poudres, Salpestres, Plomb, Mesches & autres munitions ont esté enportees en l'air.

A PARIS,

Chez NICOLAS ROVSSET, Libraire au Palais.

1622.

Auec permission.

EFFROYABLE ACCIDENT ARRIVÉ DANS LA ville de Caſtres,

Par l'embraſement de leur magaſin, procedant de la foudre du Ciel.

C'EST vn fait de dangereuſe conſequence de ſe prendre à ſon maiſtre, & d'entreprendre de luy donner la loy, & ſur tout quand on s'addreſſe à ſon Souuerain, & qu'on ſe laiſſe porter à ceſte vaine temerité de ioüer du pair auec luy, de luy monstrer les dents, de prendre les armes ouuertement contre luy & venir à vne effrontee desobeissance. Dieu souuerain protecteur des Monarchies tient les Rois sous sa main, combat pour leur querelle, venge leurs iniures, & se sert de ses feux & de son foudre pour escraser les testes rebelles, & mettre les mutins en poudre sous la rigueur de son bras, autant fort & puissant à la punition des meschans, orgueilleux & superbes, qu'il est doux & gratieux à tendre la main à ceux qui viennent à luy auec vn esprit humilié, & qui se tenans à ce qui est de leur condition; le recognoissent pour vray pere de tous, & taschent à le reuerer en ses Oincts, qu'il nous laisse icy bas come des viues images de sa grandeur, & en qui sa Maiesté veut que nous facions apparoistre quelque éclat de l'obeissance que nous luy deuons. Nous auons veu des effets du tout admirables de sa Toute-puissance ces iours de Rebellion en nostre France, & comme son oeil & sa main sont sur le chef de nostre puissant Roy pour veiller à sa conseruation. Il a pris les armes pour luy, il a deschargé ses canons contre les pervers & mutins, & fait éclater les coups de sa furie contre les ennemis de nostre repos : Aussi auons nous veu comme les desseins de nostre valeureux Roy ont esté autant de victoires, & tout ce qu'il a entrepris luy est succedé autant de bonheur qu'il en eust sçeu desirer : Aussi qui pourroit combattre le Ciel, qui pourroit supporter ses coups, & faire teste à sa iuste fureur?

Nous auons veu auorter les entreprises de monsieur de Soubize, ses trouppes en route, ses hommes deffaicts & couchez sur la plaine pour seruir de pasture aux corbeaux ses vaisseaux demeurez à sec & mis en proye à la mercy du victorieux, & luy s'enfuyr honteusement, hors de credit parmy les siens, chassé de tous costez, & exposé à la haine de tout le monde. Et ce qui est encore de plus heureuse consequence, toutes ses munitions, artillerie, viures & autres prouisions ont seruy de prouision & de raffraichissement à l'armee de sa Maiesté qui en a fait vne grasse curee.

Monsieur de la Force ne se rendant assez sage de l'exemple de ses semblables, a voulu encore se roidir contre le vent & la maree du bonheur du Roy, croyant de ſe tenir aſſez fort dans les murs de ſaincte Foy, & de quelques autres places qu'il tenoit : mais il a ſenty le meſme eſchec, & a eſté contraint de ployer ſous le meſme ioug auec toutes le places qu'il tenoit ; Vray eſt-il, qu'il a eu vne honorable composition aduantageuſe pour luy, & reuenant à ſon deuoir, quoy que par force, il a trouué ſa Maieſté auſſi douce en ſa clemence, qu'il l'auoit trouué vigoureuſe en la force de ſes armes. Mais quoy? Ne faut-il pas, que la Iuſtice diuine donne le droict à celuy à qui il eſt deu? Et que ſeroit ſi le Ciel fauoriſoit les deſſeins des meſchans, & faiſoit propoſer leurs peruerſes intentions?

La ſuitte des victoires de ſa Maieſté ſur Royan, Negrepeliſſe, & S.

Anthonin, estoient assez capables d'émouuoir les plus endurcis à la recognoissance de leur deuoir, specialement ceux de Castres qui ne peuuent estre accusez de pecher par ignorance, ains de pure malice, car ayant chez eux la Chambre de l'Edit de tout le Languedoc, au lieu d'estre les premiers qui se debuoient roidir à faire obeir le Roy, comme membres de sa souueraine Iustice : Ce neantmoins ils ont fermé les yeux à la raison, & se munissans de bastions fossez & bouleuers, se preparoient à l'attente du siege de l'armee Royale ayant depuis peu receu dans leur ville le Duc de Rohan, lors que ces iours passez Dieu leur à faict voir vn exemple de ses chastimens en l'enclos de leurs murailles tel que s'ensuit.

Il y auoit en ceste ville là vn fort beau Clocher & d'vne structure fort remarquable. Les Messieurs de la ville y auoient retiré leurs munitions de guerre, comme poudre, salpeste, souffre, plomb, mesches & autres telles danrées, & s'en seruoient de magazin. Il arriua donc en vne nuict enuiron sur la minuict que voila vn feu du Ciel suiuy d'vn fort & violent tonnerre, qui s'esclatte là dedans auec vn puissant foudre, qui meslant son feu & son souffre auec celuy de la poudre & des autres matieres souffreuses qui estoient là dedans, y fit vn tel deluge de feu qu'à vn instant le Clocher & toute l'Eglise furent emportez en l'air & reduits en poudre auec vn embrasement estrange, qui s'esclatant plus auant emporta enuiron cent ou six vingts maisons d'alentour auec tous ceux qui se treuuerent dedans, & s'estendit si auant qu'il donna dans vn corps de garde des murailles qui estoiét à plus de six vingts pas delà, & fit vne pitoyable fricassee de tous ceux qui s'y treuuerent.

L'on ne voyoit que pierre & esclats sauter en l'air, que feux & flammes qui leur estoient attachees au flanc: les autres couroiét d'vn costé & d'autre auec des cris estranges & des grincemens espouuentables: en fin c'estoit vne vraye image de l'enfer. Les corps morts estoient couchez par les ruës plus noirs que de la poix, qui bruſloiēt encore, les autres eſtoiēt entierement conſommés, & n'y auoit que quelques os, encore le feu eſtoit dedans qui les acheuoit. Le feu gaignoit touſiours plus auant aux maiſons voiſines & n'y auoit ny eau ny autre choſe qui le peut eſtaindre : de ſorte qu'on euſt dit que la ville deut entierement eſtre reduitte a neant & tout a fait conſommee en cendres : & dura le feu preſque tout le reſte du iour ſuiuant deuant qu'on le peut eſtaindre ny arreſter auec la plus horrible deſolation qu'on ſçauroit iamais voir. Les pierres meſme bruſloient, & iettoient vne puanteur ſi horrible qu'on ne la pouuoit ſupporter, & eſtoit ſentie à plus d'vne grande demy lieuë de là. Ce sõt des coups du Ciel ceux là, & qui ſont d'autant plus peſants qu'ils viennent dvne cauſe plusqu'humaine, pour nous faire voir & cognoiſtre que nous ne ſommes que des auortõs, & que les forces humaines ne sõt qu'vn petit ſoufle au regard de ces vents violents & orageux qui deſcendent d'enhaut : & pour nouos faire toucher par la meſme experience que Dieu abhorre les rebellions des peuples cõtre leurs Souuerains, car ayant eſté deſ-ja deſabuſez par declaratiõs du Roy pour leur oſter le pretexte de liberté de conſcience qu'ils croyoient (mal a propos) eſtre alteree c'eſtoit à eux de preuenir leur ſupplice par ſupplication, leur miſere par le recours a la misericorde de sa Majesté, & ouurir leur cœurs & leurs portes à vn Prince nó moins clement aux humbles que puissant aux orgueilleux, peu auparauant foüillant dans les ruines d'vnes Eglise qu'ils auoient demolie pour employer les pierres a leurs fortifications, & ayant par hazard rencontré le corps d'vn Iacobin auec ses habits qui estoit de cedé quelque temps auparauant, ils exercerent sur le cadauer de ce Religieux, de cruautez que les Bresilians, Annibales, & Antropophages ont accoustumé de pratiquer sur leurs ennemis, mais d'autant que la description d'vne telle rage pourroit causer des sinistres euenemens, nous laisserons au debonnaire lecteur la pensée libre de telles inhumanitez que le Diable seul qui est meurtrier des le commencement peut faire glisser dans les ames de tels rebelles furieux, qui estans sur le bord d'vne ineuitable ruine a l'exemple du flambleau qui s'esteint donnét les derniers elans d'vne vigueur mourante.

FIN.

PERMISSION.

IL est permis à NICOLAS ROVSSET Marchand Libraire en cette ville de Paris, d'Imprimer vn petit discours intitulé *Effroyable accident arriué dans la ville de Castres, par l'embrazement de leur magasin, &c.* Faict ce 14. Iuillet 1622.

www.ingramcontent.com/pod-product-compliance
Lightning Source LLC
LaVergne TN
LVHW050518160826
845677LV00003B/1200